LES PAYS INVENTÉS

HURTUBISE

HMH

LES PAYS INVENTÉS

HENRIETTE MAJOR
PHILIPPE BÉHA

Une invitation au voyage

Ce recueil est une invitation au voyage. Un voyage sans déplacements.
Ce sont les mots qui nous mènent.
Avec des mots simples, des paroles de tous les jours, Henriette nous fait entrer dans des mondes imaginaires. Elle nous fait rêver de lieux où nous n'irons jamais, sans doute, mais ils sont si vrais, si accueillants qu'on y part sans se poser de questions. On vole. On court. On marche lentement. On découvre mille choses nouvelles. On rencontre mers et mondes.
J'ai fait le voyage avec Henriette. Mon poème préféré, c'est « L'Île aux grimaces ». J'aurais pu y rester, mais j'aime aussi « Le pays du ? » Que faire ?
Henriette a été mon amie et ma consœur de travail. Je connaissais son amour des mots, ses dons absolument magiques pour les agencer afin qu'ils nous transportent ailleurs.
Dans les fêtes, Henriette chantait volontiers. Elle savait toutes les chansons par cœur.
Alors, pourquoi ne pas adopter une mélodie rigolote et chanter ses petits poèmes de voyage ?
On y mettrait un refrain comme ceci :

Henriette fait naviguer
par-dessus les nuages,
ses mots nous font rêver.
Vive les voyages !

Je suis sûre qu'elle en serait enchantée. Merci, chère Henriette, pour tous les beaux voyages que tu m'as fait faire sans compter ceux qu'on a faits ensemble « pour vrai ». Je les chanterai, moi, tes poèmes, à chacune de mes promenades, et à la fin, je fredonnerai :

« Il y a longtemps que je t'aime,
jamais je ne t'oublierai. »

Cécile Gagnon

Quel bonheur de faire ce dernier tour de piste avec la reine des poèmes.
Quel privilège j'ai eu de mettre des images sur tes mots et de la couleur sur tes lettres.
Quel plaisir avons-nous eu tous deux à jongler en toute complicité pour les enfants.
Le rideau se lève toujours, que la fête continue !
Bravo, Henriette !

Philippe Béha

Bien sûr, on aime son quartier, sa ville, son pays. Mais s'il existait d'autres endroits, des endroits drôles, des endroits fous, qu'on pourrait visiter en imagination. J'en ai inventé quelques-uns pour toi.
À toi d'en inventer d'autres.

Henriette Major

SUR

AILLEURS

NOTRE

PLANÈTE

Le monde du silence

Je voudrais un scaphandre
pour descendre au fond de la mer
et visiter
tous les poissons petits et grands
et les poulpes
et les calmars
et les homards
et les étoiles de mer
et tout ce monde du silence.

Le vaste monde

Il y a son monde à soi
et il y a le vaste monde.
Chez soi, c'est tranquille et douillet.
Dans le vaste monde,
on ne sait pas
ou on sait à peu près
grâce aux bulletins de nouvelles télévisés.
Ça n'a pas de quoi rassurer !

Voyages

Je veux aller à Tombouctou,
à Inukjuak ou à Moscou.
Pourquoi pas à Chibougamau
ou bien à Zihuatanejo?
J'aime les villes exotiques
et les endroits pas touristiques.
Je suis une touriste
plutôt fantaisiste.

Les îles

Il y en a tant et tant
parsemées sur les océans !
Elles sont Vierges
ou Sous-le-Vent
ou Marquises
ou au trésor.
Mais une île,
on en a vite fait le tour.
Je préfère les continents,
ces îles de géants.

e monde

C'est grand, le monde !
C'est beau, le monde !
C'est rond, le monde,
et pour en faire le tour,
il faut marcher, grimper, nager
pour retourner
à son point de départ.

Le pays des lettres

Au pays des lettres,
le e était muet,
mais il n'allait pas le rester,
car on allait lui ajouter
un accent grave ou aigu
ou circonflexe.

Le e étant la voyelle la plus usitée
dans la langue française,
il était toujours en bonne compagnie.
Alors, par charité,
il rendait visite
aux lettres négligées :
le k de képi
le w de week-end
le x de xylophone
le y de yéti
le z de zèbre.

Le pays des mots

C'est le pays des mots.
On y trouve des mots doux
comme nounours et toutou,
et aussi des mots brillants
comme ver luisant,
et des mots mouillés
comme rivière ou rosée,
et des mots en couleur
comme arc-en-ciel et bonheur,
et des mots en or comme bijou et trésor.

On y trouve tant de mots,
une vraie forêt de mots
qui permettent de nommer
tout ce qu'on trouve sur la terre.
Ce pays, c'est le dictionnaire.

AILLEURS

UN

INVENTE

Dans la lune

Ce qu'on est bien
quand on est dans la lune !
Les autres peuvent bien crier,
on ne les entend pas.
Il peut bien pleuvoir ou neiger,
on ne le saura pas.
On est ailleurs
où personne ne nous voit.
On est ailleurs
dans son ailleurs à soi.

Le rat de bibliothèque

C'était un rat très savant,
un rat de bibliothèque.
Il était gros et gras,
car, chaque soir, il dévorait
un volume tout entier.
Il se nourrissait de mots,
ce qui ne manquait pas
dans ce prodigieux univers
de livres et de papier.

Dans une bulle

Si on m'enfermait
dans une bulle de savon,
je flotterais
au gré du vent,
je verrais le monde de haut.
Mais qu'arriverait-il
si la bulle crevait ?

Le monde des sons

« Chante ! »
dit l'oiseau au lapin.
Celui-ci répondit :
« Je ne peux pas,
je n'ai pas d'oreille ! »
Cependant,
il entendait
crisser les criquets,
striduler les cigales
et ululer les hiboux.

Derrière l'écran

Et si tu pouvais entrer
dans l'écran de la télé ?
Tu visiterais
des pays lointains.
Tu rencontrerais
tous les personnages
de tes dessins animés
préférés.
Mais attention !
On pourrait te zapper !

Le pays des oiseaux

Avoir des ailes
et s'envoler
comme un oiseau.
Voir le monde de haut.

Avoir des ailes
et découvrir
ce qui vole et qui vit
dans les hauteurs.

Avoir des ailes
et s'en aller
vers des pays toujours nouveaux.

La maison invisible

Tu trouves d'abord un terrain plat
puis un bâton.
Tu traces par terre
le contour de ta maison.
Tu la fais grande ou petite,
c'est selon.
Ensuite, tu effaces
une partie du contour :
c'est la porte pour y entrer.
Il faut aussi des fenêtres
pour que la lumière
puisse y pénétrer :
tu les ouvres où tu veux,
le long des murs imaginés.

Ensuite, tu traces le contour des pièces :
chambre, salon, cuisine,
sans oublier le petit coin.
Voilà ! Tu es chez toi.
Il n'y a plus qu'à la meubler,
selon tes goûts,
de meubles imaginaires.
Ensuite, tu pourras
y inviter qui tu voudras.

Le pays des enfants rois

Dans ce pays,
tous les enfants sont rois
ou reines.
Ils portent tous une couronne
et des habits dorés,
et les grandes personnes
courent de-ci de-là,
pour combler leurs moindres désirs.

Le grand problème :
il y a trop de rois
et de reines
et pas assez de serviteurs.

Le pays sans nom

Il était situé
à l'autre bout de nulle part,
ce pays sans nom
où seuls les poètes étaient admis
et les enfants aussi,
car tous les enfants sont poètes.
On y cueillait
la fleur des mots,
les « mot à mot »
et l'alphabet.
On en faisait des poèmes
pour égayer la vie
de tous ceux pour qui
ce pays était interdit.

Le pays du rêve

C'est un pays
où l'on croit être
alors qu'on n'y est pas.
Dans ce pays,
tout peut arriver :
on peut flotter,
on peut voler,
on peut rencontrer
des anges et des monstres.
C'est le pays du rêve
qui disparaît quand on s'éveille.

Le pays des papillons

Ah ! si j'étais un papillon
pour butiner de fleur en fleur...
Mais je ne saurai jamais
ce que goûte le cœur d'une fleur.
Hélas ! le papillon
a une vie bien éphémère...
Je préfère être un humain
qui ne connaîtra jamais
le goût du cœur des fleurs.

Le monde intérieur

Il existe un pays
dont toi seul as la clé.
C'est ton monde intérieur,
ton monde secret.
Tu peux y entrer
ou en sortir
à ton gré.
Tu peux aussi y inviter
quelqu'un
quelquefois.

ans le monde des histoires

Dans le monde des histoires,
rien n'est vrai,
tout est inventé.
Les personnages
sont des personnages.
Les paysages
ne sont pas des paysages,
car ils sont en papier
dans le monde des histoires.

FOU FOU

UN

AILLEURS

FOU

Île aux grimaces

Sur l'Île aux grimaces,
on trouve de tout :
des tireurs de langue
et tous les boudeurs
et les singeries
et les simagrées
et les tics en tous genres.
Seuls les gens normaux
y paraissent bizarres.

Un zoo pas ordinaire

Dans ce zoo,
on trouve des bêtes à pois
et des bêtes à carreaux,
des poissons à plumes
et des oiseaux à écailles.
C'est là qu'on trouve l'oiseau rare
et la bête à bon Dieu.
Mais toutes ces bêtes
sont loin d'être bêtes.
Elles mettent en cage les êtres humains
pour mieux les observer.

e monde à l'envers

Et si le ciel était la mer
et les nuages des poissons ?
Il pleuvrait des coquillages,
il neigerait des galets
et les parapluies
seraient en acier.

Île Miam Miam

Que tout est bon sur cette île !
Les laitues goûtent la cannelle,
les épinards ont un goût de miel,
les carottes goûtent la banane
et la soupe à n'importe quoi
goûte des choses délicieuses
qu'on ne connaît même pas.
Tous les plats sont des desserts
et les boissons,
des jus super sucrés
très mauvais pour la santé.

es lunettes roses

Avec les lunettes roses,
on voit le monde en rose.
Même le gazon est rose
et les arbres, et les maisons
et même les gens
et les petits enfants
et les chiens, et les chats
et même les maringouins
et les poissons rouges
et les hirondelles.
Mais un monde tout en rose,
ce que ça peut être monotone !

Une autre planète

Quelque part
dans une galaxie lointaine,
on trouvera un jour
une certaine planète.
On peut déjà l'imaginer
avec des arbres roses
ou mauves
ou bien dorés,
avec des habitants
à trois ou quatre yeux,
vêtus de plumes ou bien tout nus,
gentils et accueillants
pour les terriens peu colorés
que nous sommes.

e pays de l'arc-en-ciel

En grimpant à un arc-en-ciel,
j'ai changé sept fois de couleur.
Du violet à l'indigo,
du bleu au vert,
du jaune au rouge,
et du rouge à l'orangé,
j'en ai vu
de toutes les couleurs
au pays de l'arc-en-ciel.

Le pays du ?

Au pays des « pourquoi »,
je suis le roi.
Au pays des « comment »,
je suis au premier rang.
Au pays des « tant mieux »,
je suis au beau milieu.
Au pays des « peut-être »,
je suis à la fenêtre
guettant les « pourquoi pas »
et les « n'importe quoi ».

Le pays des bonnes manières

Dans ce pays,
on entre avec un « merci »
et on sort avec un « s'il vous plaît ».
On multiplie
les « bonjour »,
les « bonsoir »,
les « après vous »
et les « je vous en prie ».

On dit « pardonnez-moi »
à la moindre occasion.
On est tellement poli
qu'on attrape des maux de dos
à faire des courbettes.
Pour s'y comprendre,
il nous faut consulter
la table de bonnes manières.

Île au chocolat

Dans cette île,
tout est en chocolat :
les fleurs, le gazon, les arbres.
Évidemment, tout est délicieux,
sauf quand il fait très chaud
et que tout commence à fondre…

Table des matières

Henriette Major et Philippe Béha

Depuis des décennies, des milliers de mots et d'images ont jailli de leur esprit créateur pour donner vie à des centaines de livres, qui ont semé toutes sortes d'émotions parmi des générations d'enfants. En duo, ils ont créé trois albums, *J'aime les poèmes, Les Devinettes d'Henriette* et *Jongleries*, où chacun mêle habilement son talent et sa fantaisie au service des tout-petits.

Voici leur dernière œuvre, *Les Pays inventés*, un album où l'imagination voyage en des lieux drôles et bizarres et s'épanouit en une floraison de mots, d'idées et de couleurs… et en un chant du cygne pour Henriette.

Catalogage avant publication de Bibliothèque et Archives nationales du Québec et Bibliothèque et Archives Canada

Major, Henriette, 1933-2006

Les Pays inventés
Poèmes.
Pour enfants de 4 ans et plus.
ISBN 978-2-89647-009-9
I. Béha, Philippe. II. Titre.

PS8576.A52P39 2007   jC841'.54   C2007-940734-X   PS9576.A52P39 2007

Les Éditions Hurtubise HMH bénéficient du soutien financier
des institutions suivantes pour leurs activités d'édition :

- Conseil des Arts du Canada;
- Gouvernement du Canada par l'entremise du Programme d'aide
  au développement de l'industrie de l'édition (PADIÉ);
- Société de développement des entreprises culturelles du Québec (SODEC);
- Gouvernement du Québec par l'entremise du programme de crédit d'impôt
  pour l'édition de livres.

Conception graphique : David Design
Illustrations : Philippe Béha

© Copyright 2007
Éditions Hurtubise HMH ltée
1815, avenue De Lorimier
Montréal (Québec) H2K 3W6 Canada
www.hurtubisehmh.com

Distribution en France
Librairie du Québec/DNM
www.librairieduquebec.fr

Dépôt légal / 4e trimestre 2007
Bibliothèque et Archives nationales du Québec
Bibliothèque et Archives du Canada

Imprimé au Canada